아름다운 우리말 경전 ⑥

약 사 경

김현준 옮김
불교신행 연구원 엮음

효림

차 례

．
．
．
．
．
．
．

약사 기도 발원문

나무약사유리광여래불(3번)

개경게 開經偈

가장높고 심히깊은 부처님법문
백천만겁 지나간들 어찌만나리
저희이제 보고듣고 받아지녀서
부처님의 진실한뜻 깨치오리다

無上甚深微妙法	무상심심미묘법
百千萬劫難遭遇	백천만겁난조우
我今聞見得受持	아금문견득수지
願解如來眞實意	원해여래진실의

개법장진언 開法藏眞言
옴 아라남 아라다(3번)

나무약사유리광여래본원공덕경
(3번)

이와 같이 나는 들었다.

어느 때 세존(世尊)께서 여러 나라를 돌아다니며 교화하시다가, 광엄성(廣嚴城)〔바이샬리〕의 낙음수(樂音樹) 아래에서 대비구 8천인과 보살 3만6천인과, 국왕·대신·바라문·거사와, 천(天)·용(龍)·야차(夜叉) 등의 팔부신중(八部神衆)과 무량한 대중의 공경을 받으며 설법을 하고 계셨다.

그때 부처님의 위신력(威神力)을 받들어 자리에서 일어난 문수사리 법왕자(文殊師利法王子)가 오른쪽 어깨를 드러낸 다음 오른쪽 무릎을 꿇어 합장배례하고 아뢰었다.

"세존이시여, 바라옵건대 여러 부처님의 명호(名號)와 근본대원(根本大願)과 수승한 공덕(功德)을 설하시어, 듣는 이들의 업장이 소멸되게 하옵시고, 정법(正法) 시대 다음의 상법(像法)과 말법(末法) 시대 중생들에게도 이로움과 즐거움을 주옵소서."

부처님께서 문수사리보살을 칭찬하셨다.

"착하고 훌륭하도다, 문수사리여. 그대가 한량없는 자비심을 일으켜서, 여러 부처님의 명호와 본원(本願)과 공덕을 설할 것을 간곡히 청하여, 중생들을 결박하고 있는 업장을 뿌리뽑고, 상법과 말법 시대 중생들에게 이로움과 안락함을 주고자 하는구나. 문수사리여, 내 이제 그대를 위해 설하리니 잘 듣고 깊이 사유하여라."

"그렇게 하겠나이다. 부디 설하여 주

옵소서."

부처님께서 문수사리보살에게 이르셨다.

"이곳에서 동쪽으로 10항하사$_{恒河沙}$ 만큼의 불국토를 지나가면 정유리$_{淨流璃}$라는 세계가 있으며, 그 국토에는 약사유리광여래$_{藥師琉璃光如來}$·응공$_{應供}$·정등각$_{正等覺}$·명행원만$_{明行圓滿}$·선서$_{善逝}$·세간해$_{間解}$·무상사$_{無上師}$·조어장부$_{調御丈夫}$·천인사$_{天人師}$·불세존$_{佛世尊}$이 계시느니라.

문수사리여, 이 약사유리광여래께서는 보살도$_{菩薩道}$를 닦을 때 열두 가지 근본 대원을 발하여, 중생들이 구하는 바를 모두 얻게 하고자 하셨나니, 그 십이대원$_{十二大願}$은 다음과 같으니라.

제1대원 : 제가 내세에 아뇩다라삼먁 阿耨多羅三藐 삼보리를 증득하였을 때, 제 몸의 찬란 三菩提 한 광명으로 한량없고 수도 없고 끝이 없는 세계를 다 비추고, 삼십이대장부 三十二大丈夫 상과 팔십종호로써 저의 몸을 장엄한 相 八十種好 다음, 일체 중생도 저와 다름이 없도록 하겠나이다.

제2대원 : 제가 내세에 보리를 증득하였 菩提 을 때, 몸이 유리처럼 청정하여 티끌과 더러움이 없고, 광명이 광대하고 공덕 이 아주 높으며, 몸에서 나오는 장엄한 빛은 해와 달을 능가하여지이다. 그리 고 그 빛을 받는 유명계의 중생은 새로 幽冥界 운 삶을 얻고, 갈 곳을 알지 못하는 이 들은 뜻하는 바 대로 사업을 성취할 수 있도록 하겠나이다.

제3대원 : 제가 내세에 보리를 증득하였을 때, 끝없고 한량없는 지혜와 방편으로 중생들이 필요로 하는 물건들을 가질 수 있게 하되, 조그마한 부족함도 없도록 하겠나이다.

제4대원 : 제가 내세에 보리를 증득하였을 때, 그릇된 도〔異道〕를 닦는 중생 모두를 바른 깨달음의 도〔菩提道〕 속에 편히 머물도록 할 것이며, 성문의 도를 행하거나 벽지불의 도를 행하는 이가 있으면 그들 모두를 대승 속에 편히 머물도록 하겠나이다.

제5대원 : 제가 내세에 보리를 증득하였을 때, 어떤 중생이 저의 법 가운데에서 청정행〔梵行〕을 닦게 되면, 그 중생의 수가 한량없고 끝이 없을지라도 모두 삼취정계〔三聚淨戒〕를 온전히 갖추도록 할 것이요, 파계를 하였을지라도 악도〔惡道〕에 떨어지는 이가 없도록 하겠나이다.

제6대원 : 제가 내세에 보리를 증득하였을 때, 어떤 중생의 몸이 열등하고 감각 기관을 온전히 갖추지 못하였거나, 추하고 더럽고 완고하고 어리석거나, 장님 · 귀머거리 · 벙어리 · 절름발이 · 앉은뱅이 · 곱추 · 나병환자 · 미치광이거나, 온갖 병에 시달리고 있을 때, 그 중생이 저의 이름을 진실한 마음으로 부르고 생각하면 온갖 병과 괴로움이 없도록 하겠나이다.

제7대원 : 제가 내세에 보리를 증득하였을 때, 어떤 중생이 병과 환난 속에서 핍박을 받고 있는데도, 의사도 없고 약도 없고 어버이도 없고 집도 없고 빈궁함과 괴로움만 많을 때, 저의 명호를 한 번만이라도 귀로 들으면 그 모든 고난이 없어질 뿐 아니라 몸과 마음이 안락하여지고 집과 권속과 재물이 모두 풍족하여지며, 마침내는 무상보리에 이를 수 있도록 하겠나이다.

제8대원 : 제가 내세에 보리를 증득하였을 때, 어떤 여인이 여자이기 때문에 부당한 대우를 받고 괴로움에 쪼들려서, 여자의 몸을 싫어하게 되고 여자의 몸을 버리기를 원할 때, 저의 이름을 들기만 하여도 여자의 몸을 버린 다음 남자의 몸을 얻고, 마침내는 무상보리에 이를 수 있도록 하겠나이다.

제9대원 : 제가 내세에 보리를 증득하였을 때, 일체 중생으로 하여금 마(魔)의 그물에서 해탈하게 하고, 외도(外道)의 결박으로부터 벗어나게 하며, 온갖 나쁜 견해(惡見)의 수풀 속에 떨어졌을지라도 모두 포섭하여 정견(正見)을 내게 하고, 보살행을 차례대로 잘 닦게 하여, 빨리 무상보리에 이를 수 있도록 하겠나이다.

제10대원 : 제가 내세에 보리를 증득하였을 때, 국법(國法)을 어긴 어떤 중생이 붙잡혀서 매를 맞고 감옥에 갇히고 사형을 당하게 되었거나, 한량없는 재난(災難)으로 능욕을 당하고 슬픔과 근심에 휩싸여 몸과 마음이 괴롭기 그지없을 때 저의 이름을 듣게 되면, 저의 복덕과 위신력으로 모든 근심과 괴로움을 벗어날 수 있도록 하겠나이다.

제11대원 : 제가 내세에 보리를 증득하였을 때, 어떤 중생이 굶주림과 목마름 때문에 괴로워하다가 먹을 것을 구하기 위해 악업을 지었을지라도, 저의 이름을 듣고 온 마음을 다해 수지(受持)하면, 저는 먼저 아주 맛있는 음식으로 그의 배를 부르게 한 다음에, 법미(法味)를 베풀어 진정한 안락을 얻도록 하겠나이다.

제12대원 : 제가 내세에 보리를 증득하였을 때, 가난한 어떤 중생이 옷이 없어

파리와 모기에게 물리고 추위와 더위로 밤낮없이 괴로움을 당할 때, 저의 이름을 듣고 온 마음을 다해 수지하면, 그가 필요로 하는 옷과 보배들로 장식한 물건과 꽃과 향과 음악과 갖가지 놀이기구 등을 원하는 대로 만족스럽게 베풀어주겠나이다.

문수사리여, 이상이 약사유리광여래께서 정등각(正等覺)을 이루기 위해 보살도를 행할 때 발한 열두 가지 미묘하고 높은 서원이니라.

문수사리여, 저 약사유리광여래가 보살도를 행할 때 발한 서원과 그 불국토의 공덕장엄(功德莊嚴)에 대해 내가 1겁 또는 1겁

이상을 설명하여도 다할 수 없나니, 그 불국토는 한결같이 청정하고 여인이 없고 삼악도(三惡道)와 괴로움의 신음 소리가 없느니라.

땅은 유리로 되어 있고, 길의 경계선은 황금줄로 되어 있으며, 성의 문과 궁궐과 누각과 난간과 창문은 모두 칠보(七寶)로 이루어진 그물에 둘러싸여 있는데, 서방 극락세계(西方極樂世界)의 공덕장엄과 조금도 차이가 없느니라.

그 불국토 안에 두 보살마하살이 있나니, 일광변조보살(日光邊照菩薩)과 월광변조보살(月光邊照菩薩)로, 한량없이 많은 보살들의 우두머리가 되어 약사유리광여래의 정법보장(正法寶藏)을 지키고 있느니라.

그러므로 문수사리여, 신심(信心) 있는 선
남자 선여인은 마땅히 저 불국토에 태
어나기를 발원하여야 하느니라"

부처님께서 문수사리보살에게 또 이
르셨다.

"문수사리여, 혹 어떤 중생이 선악(善惡)을
모르고, 탐욕과 인색함만을 품을 뿐 보
시와 보시의 과보를 모르고, 어리석어
지혜가 없고 믿음의 뿌리[信根]가 없으
면, 많은 재물을 모으고 지키는 데만 힘
을 기울일 뿐, 구걸하는 이가 오는 것을
마음으로 기뻐하지 않으며, 부득이 보
시를 하게 되면 매우 아까워하면서 몸
에서 살을 떼어내는 것과 같은 아픔을
느끼느니라.

한없이 인색하고 탐욕스러운 이 중생은 자신을 위해서도 모은 재산을 쓰지 못하거늘, 어떻게 부모와 처자와 노비와 고용인과 구걸하러 오는 사람들에게 주겠느냐? 이러한 중생은 목숨을 마친 다음 아귀(餓鬼)나 축생(畜生)의 세계에 태어나느니라.

그러나 과거 인간세계에 있었을 때 잠깐 동안이라도 약사유리광여래의 명호를 들은 적이 있는 이는 아귀나 축생으로 있더라도 약사유리광여래의 명호가 잠깐 생각나게 되고, 명호가 생각나는 즉시 목숨이 끊어져 사람으로 다시 태어나게 되느니라.

나아가 과거를 아는 숙명지(宿命智)를 얻어 삼악도의 괴로움을 두려워하고 욕락(欲樂)을 좋아하지 않게 되어, 은혜로운 보시를 기꺼이 행하고 보시하는 이들을 찬탄하느니라.

또한 소유하고 있는 모든 것에 대해 아까워하거나 탐착함이 없이 능히 보시를 하고, 점차로 머리와 눈과 손과 발과 살과 몸까지도 달라고 하는 이에게 모두 주고자 하거늘, 어찌 재물을 아까워하겠느냐!

또 문수사리여, 어떤 중생은 여래를 받들고 배우고 따르지만 계율을 범하는 경우가 있고, 계율을 범하지는 않지만 규칙을 범하는 경우가 있으며, 계율과 규칙을 범하지는 않지만 정견(正見)을 깨뜨리는 경우가 있느니라.

또 정견을 깨뜨리지는 않지만 많이 듣는 다문^{多聞}을 버리기 때문에 부처님께서 설하는 경^經의 깊은 뜻을 이해하지 못하게 되고, 다문은 할지라도 증상만^{增上慢}에 빠져서 자기는 옳다 하고 남은 그르다고 할 뿐 아니라, 정법^{正法}을 혐오하고 비방하면서 마의 무리와 짝을 하게 되느니라.

이 어리석은 사람은 스스로 사견^{私見}을 행함은 물론, 무량 중생들까지 지옥에 떨어지게 만들거나 지옥·아귀·축생의 세계를 하염없이 흘러다니게 만드느니라.

그러나 저 약사유리광여래의 명호를 듣게 되면 곧 악행을 버리고 모든 선법^{善法}을 닦아 삼악도에 떨어지지 않게 되느니라. 그리고 악행을 버리지도 못하고

선법을 닦지도 못하여 삼악도에 떨어질
지라도, 약사여래 本願(본원)의 위신력으로
인해 여래의 명호를 잠깐 듣게 되면, 듣
는 즉시 삼악도에서의 목숨이 다하여
사람으로 태어나게 되느니라.

그리하여 정견을 지니고 정진할 뿐
아니라 선하고 즐거운 마음으로 능히
집을 버리고 출가하여, 여래의 가르침
속에서 진리를 수지하여 깨뜨리거나 범
하는 일이 없고, 정견과 다문을 통하여
깊은 뜻을 이해하여, 교만하거나 정법
을 비방하거나 마와 함께 함이 없이, 보
살의 모든 행을 차례로 닦아 원만한 깨
달음을 속히 증득하게 되느니라.

또 문수사리여, 어떤 중생이 인색하

고 탐욕을 부리고 시기질투하고 자기를 높이고 남을 비방하게 되면, 마땅히 악도에 떨어져서 무량한 세월동안 혹독한 고통을 받게 되고, 그곳에서의 목숨이 다하면 축생계에 태어나서 소나 말이나 낙타나 노새가 되느니라. 그리하여 항상 채찍이나 몽둥이로 맞고 굶주림과 목마름을 견디면서 무거운 짐을 지고 다니게 되느니라. 또한 사람으로 태어난다 하더라도 비천한 생활을 하고, 남의 노비가 되어 부림을 받으면서 자유롭지 못한 삶을 살게 되느니라.

그러나 일찍이 사람으로 있었을 때 약사유리광여래의 명호를 들었다면, 그 선한 인연에 의해 다시 약사여래를 생각해내고 지극한 마음으로 귀의할 수 있게 되느니라.

그리고 그 즉시 약사여래의 위신력으로 온갖 괴로움에서 해탈하며, 모든 감각기관이 예리하고 지혜로워져서 많이 듣고 뛰어난 법을 구하며, 착한 벗을 만나 항상 서로 따르며, 능히 마의 그물을 끊고 무명의 껍질을 깨뜨려 번뇌의 강을 마르게 하며, 모든 생노병사와 근심과 슬픔과 고뇌에서 해탈하게 되느니라.

문수사리여, 또 어떤 중생은 서로 어긋나는 것을 좋아하기 때문에 소송을 하고 싸우면서 나와 남을 함께 괴롭게 하느니라. 몸과 말과 뜻으로 온갖 악업을 지을 뿐 아니라, 상대에게 손해를 주고자 어떠한 이익도 없는 짓을 하며, 상대를 모함하고 해치기 위해 산과 숲과 나무와 무덤 등의 온갖 신에게 고사를 지내거나, 가축들을 잡아 그 피와 고기로 야차나 나찰에게 제사를 지내며, 원한이 있는 사람의 이름을 쓰거나 그 형상을 만들어 온갖 독해(毒害)를 끼치는 주술과 저주와 시체를 불러 일으키는 주문을 외워서, 상대의 목숨을 끊고 몸을 파괴하고자 하느니라.

그러나 약사유리광여래의 명호를 들은 이에게는 이 모든 악한 짓으로도 해를 끼치지 못할 뿐 아니라, 마음이 자비롭고 이롭고 안락하게 바뀌기 때문에, 괴롭히려는 생각이나 원한의 마음 없이 서로가 기뻐하고 만족하고 이롭게 하느니라.

또 문수사리여, 만약 비구 · 비구니 · 우바새 · 우바이의 사부대중과 신심 있는 선남자 선여인이 팔관재계(八關齋戒)를 받고 매월 육재일(六齋日)이나 삼장재월(三長齋月)인 1월 · 5월 · 9월의 3개월 동안 계(戒)를 잘 지닌다면, 이러한 선근으로 어디에서나 기쁘고 즐거울 뿐 아니라 원하는 모든 것을 얻게 되느니라.

그리고 그가 서방 극락세계의 무량수(無量壽)불(佛) 계신 곳에 태어나서 정법을 들을 수 있는 인연이 차지 않았을지라도, 약사유리광여래의 이름을 들은 이는 목숨이 다할 때 팔대보살(八大菩薩) 등이 허공을 타고 와서 길을 인도하여, 극락세계의 기이한 빛을 띤 보배 연꽃 안에서 자연 화생하게 하느니라.

만일 이 사람이 천상(天上)에 태어나기를 원하면 곧바로 천상에 태어나나니, 이미 닦은 선근이 한량 없기 때문에 다시는 나쁜 세상에 태어나지 않느니라.

그리고 천상에서의 목숨이 다하면 인간세계의 전륜왕(轉輪王)이 되어 사대주(四大洲)를 다스리면서 무량 중생들로 하여금 십선업(十善業)을 닦게 하거나, 대왕족 · 대바라문 · 대거사의 집안에 태어나나니, 보배와 재물이 창고에 가득하고, 훌륭한 외모에다 자재로움과 권속(眷屬)들을 구족하고, 총명한 지혜와 대역사(大力士)의 용맹을 갖추게 되느니라.

　또한 어떤 여인이 약사여래의 명호를 듣고 지극한 마음으로 수지하면, 이 여인은 여자의 몸을 영원히 여읠 수 있게 되느니라.”

　그때 문수사리보살이 부처님께 아뢰었다.

　“맹세하옵니다, 세존이시여. 저는 온갖 방편을 다해 약사유리광여래의 명호를 유포하여, 미래의 신심 있는 선남자 선여인이 그들의 처소에서 이 부처님의 명호를 들을 수 있게 하고, 잠자는 중에도 이 명호가 들리도록 하겠나이다.

　세존이시여, 만일 이 경전을 받아지

녀서 독송하거나, 다른 사람들에게 설
하고 해석하고 깨닫게 해주거나, 스스
로 사경(寫經)하고 남에게 사경토록 하거나,
온갖 꽃과 향과 영락과 보당(寶幢)과 깃발 등
으로 공양하거나, 이 경전을 오색의 비
단 주머니에 넣어 깨끗하고 높은 자리
에 안치하면, 사대천왕(四大天王)이 그 권속과 한
없이 많은 천인들을 데리고 그곳으로
와서 공양하고 수호하게 하겠나이다.

　세존이시여, 이 경전을 보배롭게 유
통시킬 때, 어떤 이가 이 경전을 수지하
고 독송하여 저 약사유리광여래의 명호
와 예전에 발하신 대원을 들었다면, 그
가 횡사(橫死)를 하거나 악귀들에게 정기를
빼앗기는 일이 없도록 할 것이며, 이미

빼앗겼다 할지라도 다시 이전으로 돌아와 안락한 삶을 이루도록 하겠나이다."

부처님께서 문수사리에게 이르셨다.

"옳고 옳도다, 문수사리여. 그대가 말한 대로 될 것이니라.

문수사리여, 신심 있는 선남자 선여인이 약사유리광여래를 공양하고자 할진대는, 마땅히 그 부처님의 존상을 청정한 자리에 안치한 다음, 온갖 꽃을 뿌리고 온갖 향을 태우고 여러 가지 당과 번으로 그곳을 장엄해야 하느니라. 그리고 7일 낮 7일 밤 동안 팔관재계를 받아 지니면서 청정한 음식을 먹고 깨끗이 목욕하고 깨끗한 옷을 입은 다음, 더럽고 탁한 마음이나 성내는 마음을 비

우고, 일체 중생에게 이익과 안락을 주
는 자비희사(慈悲喜捨)와 평등심(平等心)을 일으켜야 하느
니라. 또 북을 울리고 찬탄의 노래를 부
르며 불상의 오른쪽으로 돌면서, 저 약
사여래의 본원공덕을 생각하고 이 경전
을 독송하여야 하느니라.

이렇게 하면 생각하는대로 원하는 것
이 이루어지고, 하고자 하는 모든 것이
다 원만해지느니라. 곧 오래 살기를 바
라면 장수하게 되고, 부자되기를 바라
면 부자가 되고, 높은 자리에 오르고자
하면 그 지위를 얻고, 아들딸을 희망하
면 빼어난 아들과 딸을 얻게 되느니라.

또한 어떤 사람이 갑자기 악몽(惡夢)을 꾸
거나 나쁜 모습들을 보거나 요괴스러운

새〔怪鳥〕가 날아와서 모이거나 집안에 괴이한 일이 생겨날 때, 그 사람이 여러 가지 공양물을 마련하여 약사유리광여래께 공양하고 공경하게 되면, 모든 악몽과 나쁜 모습과 불길한 일들이 남김 없이 사라지게 되느니라.

또한 물·불·칼·독 등으로 인한 공포나 높은 절벽에 매달리는 공포, 악한 코끼리·사자·호랑이·곰·독사·전갈·지네·그리마·모기 등으로 인한 공포가 있을 때, 저 약사여래를 간절히 생각하면 모든 공포에서 해탈하게 되며, 적군이 침범하였거나 도둑이 들어 두려움에 떨 때도 약사여래를 생각하고 공경하면 능히 해탈할 수 있느니라.

문수사리여, 선남자 선여인이 불·법·승 삼보에 귀의하여 오계·십계·보살계·비구계·비구니계를 받았으나, 그 받은 계를 헐뜯고 범하여 삼악도에 떨어질 것을 두려워하고 있을 때, 저 약사유리광여래를 생각하고 공양하게 되면 결정코 삼악도의 과보를 받지 않게 되느니라.

또한 어떤 여인이 출산을 하면서 극심한 고통을 받고 있을 때, 지극한 마음으로 약사유리광여래의 명호를 부르면서 공경하면 속히 고통에서 벗어나게 되며, 태어난 자식은 감각기관이 온전하고 모습이 단정하여 보는 사람을 즐겁게 하며, 근기가 예리하고 총명하고 안온하고 병이 적으며, 사람 아닌 것들에게 혼백을 빼앗기게 되는 일이 없느니라.

그때 세존께서 아난에게 이르셨다.

"아난아, 내가 칭송하고 찬양한 약사유리광여래의 모든 공덕은 제불께서도 이해하기가 쉽지 않거늘 너는 믿을 수 있겠느냐?"

아난이 부처님께 아뢰었다.

"큰 덕을 갖추신 세존이시여. 저는 여래께서 설하신 진리에 대해 의혹이 생기지 않습니다. 왜냐하면 모든 여래의 몸과 말과 뜻으로 행하는 업들은 청정하지 않은 것이 없기 때문입니다.

세존이시여, 해와 달을 능히 떨어뜨

릴 수 있고 높은 산을 능히 이동시킬 수 있는 부처님들께서 하신 말씀은 절대로 틀림이 없사옵니다. 하지만 신심을 갖추지 못한 중생들은 세존께서 부처님들의 경계를 설하시는 것을 듣고 이렇게 생각합니다.

'어떻게 단지 저 약사유리광여래의 이름만을 염할 뿐인데 그와 같은 큰 공덕을 얻을 수 있다는 것인가?'

이렇게 믿지 못하고 비방하게 되면, 그 중생은 큰 이익과 즐거움을 잃게 될 뿐 아니라, 여러 악도에 떨어져서, 길고 어두운 밤을 벗어나지 못함이 끝이 없게 되옵니다."

부처님께서 아난에게 이르셨다.

"아난아, 그러한 중생들도 세존이신 약사유리광여래의 명호를 듣고 지극한 마음으로 수지하게 되면 악도에 떨어지는 일이 없느니라.

아난아, 부처님들의 경계는 참으로 믿기 어렵거늘 너는 능히 수지하는구나. 마땅히 알아라. 이것이 바로 약사여래의 위신력이니라.

아난아, 모든 성문聲聞과 독각獨覺과 아직 초지初地에 오르지 못한 보살들은 모든 것을 여실如實하게 다 믿고 이해할 수 없느니라. 다만 일생보처보살一生補處菩薩 은 제외하노라.

아난아, 사람의 몸을 받기 어렵고 삼보를 믿고 공경하고 존중하기도 어렵지만, 저 약사유리광여래의 명호를 듣는 것은 몇 갑절 더 어렵느니라.

　아난아, 저 약사유리광여래는 보살행이 한량없고 좋은 방편이 한량없고 광대한 서원이 한량없나니, 내가 1겁 또는 1겁이 넘도록 약사여래의 보살행원(菩薩行願)을 말하고, 겁이 다하도록 저 약사유리광여래께서 예전에 행하신 일과 수승한 대원들을 말하여도 결코 다 말할 수 없느니라."

　그때 대중 가운데 있던 구탈(救脫)이라는 보살마하살이 자리에서 일어나 한쪽 어깨를 드러내고 오른쪽 무릎을 땅에 대어 합장배례한 다음 부처님께 아뢰었다.

　"세존이시여, 미래세에 어떤 중생이

환난으로 곤욕을 당하고, 중병에 시달려 야위고 음식을 못먹고 목과 입술이 마르고 눈이 침침하여 잘 보이지 않고 죽음이 임박하게 되면, 부모·자식·형제들과 친척·친구들이 둘러 앉아 흐느껴 울게 됩니다. 그때 그 사람의 몸은 그 자리에 누워있지만, 염마왕(閻魔王)의 사자가 그의 넋을 이끌어 염마왕 앞으로 데리고 갑니다. 그런데 모든 중생에게는 언제나 중생과 함께하면서 착하고 악한 업을 기록하는 구생신(俱生神)이 있는데, 그가 죽은 이의 죄와 복을 적은 것을 염마왕에게 주면 염마왕이 죽은 이에게 물어 확인하고, 지은 바 죄와 복을 계산하여 판결을 내립니다.

이때 병자의 가족이나 친지 등이 그를 위해 약사유리광여래께 귀의하고 스님을 청하여 이 경전을 읽는 등 법대로 공양하면, 혹 그의 넋이 돌아오는 경우도 있습니다.

만일 7일·21일·35일·49일이 지나 그 사람의 넋이 다시 돌아올 때는 꿈에서 깨어난 것처럼 모든 선악의 업보를 모두 기억할 것이요, 업보가 헛되지 않다는 것을 스스로 증명할 것이며, 목숨이 다할 때까지 다시는 악업을 짓지 않을 것이옵니다.

그러므로 신심 있는 선남자 선여인은 마땅히 약사유리광여래의 명호를 수지하여 힘이 닿는 데까지 공경하고 공양하고 받들어야 하옵니다."

그때 아난이 구탈보살에게 여쭈었다.
"선남자여, 약사유리광여래를 어떻게 공경하고 공양하고 받들어야 합니까?"
"대덕 아난이여, 만일 어떤 환자가 중병에서 벗어나기를 원하면, 그 사람은 마땅히 7일 낮과 밤동안 팔관재계를 지키면서, 음식과 공양구들을 힘 닿는 대로 마련하여 비구승에게 공양하고, 하루에 여섯 차례 약사유리광여래께 예배드리고 공양하며, 이 경전을 마흔 아홉 번 독송하고 마흔 아홉 개의 등을 밝혀야 합니다.
곧 여래의 형상 일곱을 만들어 하나

하나의 상 앞에 일곱 개의 등을 두되, 각 등의 크기를 수레바퀴만하게 하며, 49일 동안 광명이 끊이지 않게 해야 합니다. 그리고 길이가 49척 되는 오색의 비단 깃발을 만들어야 합니다.

또한 여러 종류의 중생 49마리를 놓아주면 위험한 액난을 넘길 수 있고, 악귀에게 잡히는 등의 모든 횡액이 없어지게 됩니다.

대덕 아난이여, 또 관정(灌頂)을 받은 왕에게 재난이 닥쳐올 때가 있습니다. 곧 백성들에게 질병의 난(難)이 있거나, 다른 나라가 침략을 하였거나, 나라 안에서 반역의 난이 일어났거나, 별자리의 변괴 및 일식·월식의 난이 일어났거나, 때 아닌 풍우의 난이 일어났거나, 때가 지나도록 비가 오지 않는 등의 재난들이 있을 때, 저 관정을 받은 왕은 마땅히 모든 중생에게 자비심을 일으키고 옥에 갇힌 죄수들을 사면하면서, 조금 전에 말한 공양의 법식대로 약사유리광여래께 공양하고 받들어야 합니다.

왕이 이러한 선근을 심으면, 저 약사유리광여래께서 일찍이 세우신 수승한 대원에 의해 왕의 나라가 곧 안온하게 되나니, 풍우가 때맞추어 찾아들어 곡식이 잘 자라며, 나라 안의 모든 백성이 병 없이 안락하고 환희롭게 살게 되며, 야차 등의 나쁜 귀신들도 백성을 괴롭히는 일이 없고 악한 모습을 나타내지

않으며, 저 왕의 수명과 기력도 더하여
져서 무병(無病)하고 자재(自在)하게 됩니다."

아난이 거듭 구탈보살에게 여쭈었다.

"선남자여, 어찌하여 다한 수명을 더
연장시킬 수 있다고 하십니까?"

구탈보살이 답하였다.

"대덕이여, 그대는 일찍이 여래께서
아홉가지 뜻하지 않은 죽음〔九橫死(구횡사)〕이 있
다고 설하는 것을 듣지 못하였습니까?
바로 이 때문에 등과 깃발을 만들고 여
러 가지 복덕을 닦을 것을 권하는 것이
니, 복을 닦아야만 수명이 다할 때까지
괴로움과 환난을 겪지 않게 됩니다."

아난이 여쭈었다.

"아홉가지 뜻하지 않은 죽음인 구횡

사가 무엇입니까?"

"어떤 중생은 병세가 중하지 않지만 의사와 약이 없고 간병인이 없어서 죽는 경우가 있고, 혹 의사가 치료를 하였으되 약을 잘못 쓰게 되면 횡사를 하게 됩니다. 또 사마외도와 요망하고 악한 邪魔外道 귀신의 재앙을 부르는 무당이 망녕되게 화와 복에 대해 말하는 것을 믿고 두려워하면서 바르지 못한 점괘를 물어 화를 불러들이거나, 짐승들을 죽여 신명神明에게 호소하고 온갖 잡귀를 불러들여 복을 청하는 등, 어리석고 미혹하고 삿된 견해를 따르면서 목숨의 연장을 바라지만 끝내는 이룰 수 없게 되고, 마침내는 횡사하여 지옥에 떨어져서 나올

44

때를 기약할 수 없습니다. 이것을 첫 번째 횡사라고 이름합니다.

두 번째 횡사는 왕법(王法)에 의해 죽임을 당하는 것이요

세 번째 횡사는 사냥을 즐겨하며 돌아다니고 음란함과 술에 빠져들어 사람 아닌 것(非人)에게 정기를 빼앗겨 죽는 것이요

네 번째 횡사는 불에 타서 죽는 것이요

다섯 번째 횡사는 물에 빠져 죽는 것이요

여섯 번째 횡사는 사자·호랑이 등의 악한 짐승에게 잡아먹히는 것이요

일곱 번째 횡사는 절벽 등 높은 곳에서 떨어져 죽는 것이요

여덟 번째 횡사는 독약이나 저주의 기도, 주문으로 일으킨 시체에게 해를 입어 죽는 것이요

아홉 번째 횡사는 굶주림과 목마름의 고통 속에서 음식을 얻지 못해 죽는 것입니다.

이것이 여래께서 말씀하신 구횡사이며, 이밖에도 한량없이 많은 횡사들이 있으나 모두를 설하기는 어렵습니다.

또 아난이여, 세간에서 지은 선악들을 살피는 염마왕은 중생들 중에서 오역죄를 짓고 불효를 하고 삼보를 욕되게 하고 군신의 법을 무너뜨리고 믿음과 계율을 깨뜨리면, 그 죄의 경중에 따라 벌을 내립니다.

바로 이 때문에 나는 중생들을 온갖 괴로움과 재난에서부터 벗어나게끔 하기 위해 등을 밝히고 깃발을 만들고 방생 등의 복업을 닦을 것을 권하는 것입니다."

그때 대중 가운데 십이야차대장(十二夜叉大將)이 앉아 있었다. 그들은

궁비라대장(宮毘羅大將) 벌절라대장(伐折羅大將) 미기라대장(迷企羅大將)
안저라대장(安底羅大將) 알니라대장(頞你羅大將) 산저라대장(珊底羅大將)
인달라대장(因達羅大將) 파이라대장(波夷羅大將) 마호라대장(摩虎羅大將)
진달라대장(眞達羅大將) 초두라대장(招杜羅大將) 비갈라대장(毘羯羅大將)

이었다.

각기 7천 명의 야차들을 거느리고 있는 이 십이야차대장들이 한 목소리로

부처님께 아뢰었다.

"세존이시여, 저희는 지금 부처님의 위신력으로 약사유리광여래의 명호를 듣게 되어, 악도에 대한 공포가 완전히 사라졌나이다.

지금 저희 모두는 한마음으로, 목숨이 다하도록 불·법·승 삼보에 귀의하옵고, 마땅히 일체 중생을 이롭게 하고 안락하게 할 것을 맹세하옵니다.

그리고 어떠한 마을이든 성이든 나라든 한적한 숲에서든, 이 경전을 유포하고 약사유리광여래의 명호를 수지하여 공경하고 공양하는 이가 있으면, 저희 권속들은 그 사람을 호위하여 모든 고난에서 해탈하게 하고, 구하는 것 모두를 얻을 수 있게 하겠나이다.

또 질병과 액난이 있는 중생이 이 경전을 독송하면서 벗어나기를 구하면 능히 해탈할 수 있게 하겠나이다."

세존께서 야차대장들을 칭찬하셨다.

"착하고 훌륭하도다, 야차대장들이여. 너희가 약사유리광여래의 은덕을 보답하고자 할진대는, 마땅히 중생들을 이롭고 안락하게 하고자 노력해야 하느니라."

그때 아난이 부처님께 여쭈었다.

"세존이시여, 이 경전의 이름을 무엇이라 하오며, 어떻게 받들어 지녀야 하옵니까?"

부처님께서 아난에게 이르셨다.

"이 경을 '약사유리광여래본원공덕 藥師琉璃光如來本願功德
경'이라 이름하며, '십이신장요익유정결 十二神將饒益有情結
원신주경' 또는 '발제일체업장경'이라 願神呪經   拔除一切業障經
고도 하나니, 마땅히 이와 같은 이름으
로 지닐지니라."

부처님께서 이렇게 설하여 마치자,
부처님의 설법을 들은 모든 보살마하살
과 대성문, 국왕·대신·바라문·거사들, 大聲聞
천·용·야차·건달바·아수라·가루라·
긴나라·마후라가와 인비인 등이 크게 人非人
환희하면서 믿고 받들어 행하였다.

이상으로 지극히 성스러운 약사경의 독송을
마치옵니다.
나무약사유리광여래본원공덕경 (3번)

'약사여래불' 염불

나무 동방 만월세계 십이대원
약사여래불 약사여래불 약사여래불…
(각자 형편에 맞게 횟수를 정하여 염송함)

열두가지 대원으로 중생접인 하옵시니
한결같은 자비심은 빈틈전혀 없나이다
전도몽상 범부들은 병의뿌리 깊고깊어
약사여래 못만나면 죄멸하기 어렵나니
제가이제 일심으로 귀명정례 하옵니다

十二大願接群蒙   십이대원접군몽
一片悲心無空缺   일편비심무공결
凡夫顚倒病根深   범부전도병근심
不遇藥師罪難滅   불우약사죄난멸
故我一心 歸命頂禮   고아일심 귀명정례

약사경의 독송 요령과 약사염불법

다음과 같은 원의 성취를 바랄 때 약사 기도를
하면 좋습니다.

· 병고를 벗어나 건강한 몸을 회복하고자 할 때
· 영가천도 및 삼악도의 고통을 면하고자 할 때
· 감옥에서의 해탈과 관재로부터 해탈하고자 할 때
· 아기의 점지와 순산, 자녀의 건강을 기원할 때
· 가정의 평화와 복되고 안정된 삶을 원할 때
· 가난을 벗어나 넉넉한 재물과 좋은 환경을 얻고
  자 할 때
· 개업 및 사업의 번창을 바랄 때
· 구하는 바를 뜻대로 이루고자 할 때
· 악몽과 공포, 나쁜 죽음(횡사)들을 멀리하고 신장
  의 보호를 받고자 할 때
· 정견을 지니고 보살도를 닦아 빨리 무상보리를
  이루고자 할 때
· 나라 안의 사람들이 안온하고 병없고 안락하게
  살기를 바랄 때

1. 기도를 하기 전에 미리 알아둘 일

약사기도의 방법은 간단합니다. 기본적으로 약사경을 먼저 읽고 다음에 '약사여래불'의 명호를 입으로 외우면서 약사여래를 생각하며 기도를 하면 됩니다. 그러나 많은 불자들이 기도에 따른 주변 사항에 대해 궁금해하는 경우가 많으므로, 그것부터 먼저 이야기하고자 합니다. 사항별로 나누어 간략히 정리해 보겠습니다.

① 장소 : 처음 기도를 하는 이는 조용한 곳에서 행하여야 합니다. 절에서 염불참회를 할 때는 법당 안에서 하면 족하겠지만, 집에

서 행할 때는 방해 받지 않을 조용한 공간을 택하십시오.

때로는 '어느 쪽을 향하여 기도를 해야 하는가'를 질문하는 이가 많은데, 가재도구가 많은 집안에서 기도를 위한 별도의 방을 갖거나 아늑한 공간을 찾기가 쉽지는 않을 것입니다. 그때는 방에서 넓게 비어있는 공간을 향해 해도 좋고, 거울 앞에 앉아 자신의 얼굴을 보며 행하여도 무방합니다. 산란하지 않은 방향을 택하면 됩니다.

그리고 환자의 경우에는 침대(병상)에 앉거나 누워서 해도 괜찮습니다. 가장 편안한 자세로, 약사여래와 함께 한다는 마음으로 기도하시면 됩니다.

② 불상이나 불화 모시기 : '집에서 밋밋한 벽을 향해 기도를 하니 신심이 솟지 않는다'며, 마음을 집중하는 데 도움이 되는 무엇인가를 모셨으면 하는 불자들이 많습니다. 이 경우 조그마한 불상을 모시거나 불화·사진을 모시면 됩니다.

그런데 '집안에 불상 등을 모시면 좋지 않다'는 말을 들었다'며 선뜻 모시지 못하는 이들이 있습니다. 그러나 조선시대 5백년의 억불정책으로 인해 생겨난 이 나쁜 속설을 올바른 불자들이 따를 필요는 없습니다.

지구상의 모든 불교국가들이 가정에다 불상을 모셔놓고 아침저녁으로 예불을 올리고 있거늘, 유독 우리나라만은 '좋지 않다'며 거부를 하고 있습니다. 저를 비롯한 주위의 많은 사람들이 가정에 불상을 모시고 있는데, 좋은 일만 자꾸 생길 뿐 잘못된 경우를 보지 못하였으니 안심하고 모셔도 됩니다.

모실 대상물로서 가장 좋은 것은 조그마한 약사여래불상이지만 시중에서 찾기가 힘이 들므로 모시는 것이 용이하지 않습니다. 이 경우 사진도 좋고, 불교 달력에 있는 좋은 상호를 택하여 붙여 놓아도 되며, 이 책의 표지 사진을 이용해도 됩니다.

작은 것에 구애되기보다는, 마음을 잘 모으고 기도가 잘 되게 하는 쪽으로 방편을 선택하시기 바랍니다.

③ 때 : 마음을 잘 모을 수 있는 때라면 언제라도 좋지만, 가급적이면 일어나서 씻은 다

음의 시간이나 잠자기 전의 밤중, 주부라면 남편과 자식들이 나가고 난 다음의 오전시간이 좋습니다. 병상의 환우라면 가장 편안하고 기운이 나는 시간을 택하면 됩니다.

④ 소요시간 : '몇 시간 동안이나 기도를 해야 하느냐'는 '어떤 일로 기도를 하느냐'에 따라 달리 잡아야 합니다.

만일 특별한 소원이 있어 약사기도를 할 경우라면 적어도 아침저녁으로 1시간씩은 하여야 하고, 매우 다급하고 힘든 경우라면 하루종일 해야 한다는 각오로 임해야 합니다. 오나가나 앉으나 서나 약사염불을 해야 합니다.

그러나 약사기도를 하면서 약사여래의 은근한 가피를 바라는 경우라면 하루 한 시간

정도로 시간을 정하는 것이 좋습니다. 그리
고 여러 가지 일로 시간을 많이 낼 수 없는 이
라 할지라도 최소한 30분은 해야 합니다.

한 차례의 약사경 독송에 3천 번의 '약사여
래불' 염불을 감히 권해봅니다.

그리고 염불을 할 때 염주알 천 개를 꿰어
만든 천주天珠를 돌리거나 개수기를 사용하
면 효과적입니다.

⑤ 기간 : 많은 불자들이 궁금해하는 것은
'얼마 동안이나 하면 업장이 소멸되어 문제가
풀리겠는가' 하는 것입니다. 그 기간은 경우
에 따라 다르며,『대집경』에는 다음과 같은
가르침이 있습니다.

"혹 하룻밤이나 이레 동안이라도 다른 업을 짓지 말고 지극한 마음으로 염불하여 보라. 조금 염하면 업을 조금 녹이고, 많이 염하면 업을 많이 녹이느니라."

약사기도를 통하여 '얼마나 빨리 업장을 녹이느냐' 하는 것은 기도 하는 이의 정성과 업의 두께에 따라 다를 수밖에 없습니다. 그러나 굳이 이야기를 하라면 『법화경』및 여러 경전에서 강조하고 있는 삼칠일(21일)을 최소 기간으로 잡는 것이 좋고, 보통은 백일기도를 함이 바람직합니다.

그리고 한 번 기간을 정하여 업장이 녹지 않을 때는 두 번 세 번 거듭거듭 마음을 모아 행하겠다는 자세를 갖추어야 합니다. 또 위없는 깨달음을 이루기 위한 기도라면 평생을 할 각오를 해야 합니다.

이렇게 기한을 정하여 꾸준히 기도를 하다 보면 그 날짜가 다 채워지기도 전에 가피를 입는 듯한 징조를 감지하게 되는 경우가 있습니다. 그렇다고 하여 회향일 전에 기도를 그만두지 말고, 꾸준히 계속하여 날짜를 채우는 것이 좋습니다.

⑥ 자세 : 기도를 할 때는 무릎을 꿇고 앉든지, 가부좌한 자세로 단정히 앉아 행하여야 합니다. 또 가부좌를 하기가 힘이 든다면 의자에 단정히 앉아 행하여도 괜찮습니다. 그리고 바르게 앉을 수 없을 만큼 몸이 좋지 않은 경우라면 벽에 기대거나 누워서 해도 무방

합니다. 물론 병상의 환자는 침대에서 편안한 자세로 기도하면 됩니다.

⑦ 공양물 : 예상 밖으로 '집에서 기도를 할 때 음식을 차려야 하는가'를 묻는 불자들이 많습니다. 기본적으로 향을 피우는 것으로 족하며, 조금 더 한다면 꽃과 촛불을 올리고, 정안수를 올렸다가 먹는 것도 좋습니다. 약사경에는 '7여래를 모시고 49 등을 밝혀라', '많은 공양물을 마련하라'는 구절이 있으나, 이는 특별한 경우의 공양법으로 일반 기도에서는 생략해도 무방합니다.

그리고 불사佛事에 동참한다는 마음으로 형편에 맞게 가족의 축원을 곁들인 한 푼씩의 돈을 올렸다가 절이나 복지단체, 기타 좋

은 일에 보시하는 것도 훌륭한 방편이 될 수
있습니다.

⑧ 부득이 못하게 될 경우 : 특별한 사정으
로 기도를 할 수 없는 경우라면 스스로가 정
한 시간만큼 어디서든 하는 것이 좋고, 그것
이 어려우면 단 열 번이라도 '약사여래불'의
명호를 외운 다음 사정을 고하여야 합니다.
"오늘은 특별한 사정 때문에 기도를 제대로
행하지 못하게 되었습니다. 이 허물을 받아 주
시옵소서. 내일은 올바로 잘 하겠습니다."
그리고 스스로가 세운 축원과 발원을 염
하십시오. 이렇게 하면 한 번 하지 않은 것을
핑계삼아 계속하지 않게 되는 허물을 막을
수 있습니다.

2. 약사경을 독송하는 방법

1) 경문을 읽기 전에

① 먼저 3배를 올리고 '약사여래불이시여, 감사합니다.'를 세 번 염한 다음, 약사경을 펼쳐들고 축원부터 세 번 하여야 합니다.

"대자대비하신 약사여래불이시여, 세세생생 지은 죄업을 모두 참회하옵니다. (3번)

이제 약사경을 읽는 공덕을 선망조상과 유주무주 영가의 천도, 그리고 일체중생의 행복을 위해 바칩니다. (3번)

또한 저희 가족 모두가 평화롭고 건강하며, 하는 일 모두 순탄하옵기를 발원하

옵니다." (3번)

이렇게 기본적인 축원을 하고, 꼭 성취되기를 바라는 일이 있으면 추가로 축원을 하십시오. 이 경우에는 각자의 원願에 맞게 적당한 문구를 만들어, 이 책 5p에 있는 개인발원문에 써놓고 축원을 하는 것이 좋습니다.

② 축원을 한 다음 '나무약사유리광여래불'을 세 번 염한 다음, 「개경게」와 「개법장진언」 '옴 아라남 아라다'를 염송합니다. 흔히 정구업진언 · 오방내외안위제신진언 · 「개경게」와 「개법장진언」으로 구성된 「전경轉經」을 모두 외우기도 하는데, 「개경게」와 「개법장진언」만으로 족합니다.

③ 개법장진언 다음에는 약사경의 본래 이름인 '나무약사유리광여래본원공덕경'을 세 번 꼭 외우십시오.

나무약사유리광여래본원공덕경
나무약사유리광여래본원공덕경
나무약사유리광여래본원공덕경

경의 제목을 외우는 공덕이 매우 크기 때문에 불교집안에서는 어떠한 경전이든 본문을 읽기 전에 경의 제목을 세 번 읽도록 가르쳐 왔습니다. 그러므로 절에서나 집에서나 약사경을 독송할 때는, 꼭 '나무약사유리광여래본원공덕경'을 세 번씩 염송하여야 합니다.

경의 제목은 그 경전 내용의 핵심을 담고

있으므로 공덕이 더욱 크다는 것을 마음에 새겨, 꼭 세 번씩 독송하시기를 당부드립니다.

2) 경문을 읽을 때

① 약사경을 읽을 때는 반드시 '나' 스스로에게, 그리고 법계의 중생들에게 들려준다는 자세로 정성껏 읽어야 합니다. 절대로 '그냥 한 편을 읽기만 하면 된다'는 자세로 번뇌 속에서 읽어서는 안 됩니다. 스스로 뜻을 새기고 이해를 하며 읽는 것이 무엇보다 중요하다는 것을 꼭 명심하시기 바랍니다.

② 약사경을 읽다가 특별히 마음에 와닿는 구절이 있거나, 이해가 잘 되지 않는 부분이

있으면 다시 한 번 읽으며 사색에 잠기는 것이 좋습니다. 독경을 한다고 하여 처음부터 끝까지 좔좔좔 시냇물 흘러가듯 읽어내려가야 할 필요는 없습니다. 왜냐하면 독경보다는 간경看經이 훨씬 더 수승한 공덕을 나타내기 때문입니다.

간경은 경전을 눈으로 보고 입으로 읽는 것을 넘어서서, 마음으로 보고 마음으로 느끼며 읽는 것입니다. 경전의 내용이 '나'의 마음 속에 또렷이 살아 있도록 하는 것, 경전의 내용을 '나'의 것으로 만드는 것이 간경입니다.

이렇게 간경을 하면 약사경의 내용이 차츰 '나'의 것이 되고, 약사경의 가르침이 '나'의 것이 되면 약사여래와 불이不二가 되어, 기도 성취는 물론이요 무량공덕이 저절로 생겨나게 됩니다. 거듭거듭 당부드리오니, 결코 형식적으로 읽지 마시기 바랍니다.

③ 약사경을 다 읽었으면 다시 축원을 해야 합니다. 곧 '약사경 독송 발원문'에 써 놓은 것을 세 번 읽으면 됩니다.

④ 마지막으로 회향축원을 세 번 하여야 합니다.

"이 경을 읽은 공덕을 온 법계와 일체 중생의 발보리심과 해탈과 행복에 회향하옵니다. 아울러 저희의 지은 업장이 모두 소멸되고 위없는 깨달음을 이루어지이다."(3번)

꼭 약사경을 읽은 공덕을 회향하여 마음밭에 새로운 씨를 심으시기 바랍니다.

3) 독송의 기간 및 횟수

가피와 고난 퇴치, 소원성취를 이룰 목적으로 약사경을 읽을 때는 최소한 21일은 독송하여야 하며, 원에 따라 백일기도, 천일기도를 행하도록 합니다. 옛 어른들은 집안의 평안과 명훈가피를 기원하며 평생을 독송한 이도 있습니다.

하루의 독송 횟수는 최소한 1독은 하여야 하고, 하루 여러 번 읽어도 좋으며, 총 3백독에서 1천독을 채울 것을 권하고 싶습니다. 3백독 내지 1천독을 하게 되면 약사여래의 자비와 저절로 함께 하게 되고, 그 자비 속에서 하루하루가 행복하고 좋은 날로 바뀌게 되기 때문입니다. 이에 이 책의 뒤에 1독 할 때마다 1칸씩 채워 1천독 한 것을 표기할 수 있도록 1천 칸을 마련해 두었습니다.

그러나 사람에 따라 형편과 능력이 다를 것이므로 스스로 독송 기간과 횟수를 잘 선택하여 기도하도록 하십시오. 만일 시간이 많지 않은 사람은 하루에 경의 반만을 읽어도 좋으니, 꾸준히 하여 스스로가 정한 횟수를 채우기 바랍니다. 단, 한번 정하였으면 아주 특별한 일이 일어나지 않는 이상 변경하지 않는 것이 좋습니다.

3. '약사여래불' 염불의 방법

약사경을 통하여 약사여래의 대자비와 대위신력을 마음에 담은 불자는 곧바로 '약사여래불'을 외우며 약사여래의 가피를 담는 염불을 행하는 것이 매우 좋습니다.

약사여래의 갖춘 이름은 약사유리광여래이며, 달리 대의왕불大醫王佛이라고도 칭합니다. 그런데 약사여래 정근시에는 예부터 '약사여래'에 '불'자를 더 붙여 '약사여래불'로 부르고 있습니다. 전통이 그러하니 그대로 따르는 것이 바람직하며, 굳이 뜻풀이를 하라면 '한결같이 오신 약사부처님'이라 할 수 있습니다.

염불의 방법은

1) 입으로 '약사여래불'의 명호를 외우면서

2) 약사여래를 생각하고

3) 마음 속으로 '약사여래시여, 감사합니
   다. · · ·을 이루게 해주셔서 감사합니
   다'라고 합니다.

이러한 약사염불의 방법과 요령을 조금 더
상세히 살펴봅시다.

1) '약사여래불'의 명호를 입으로 외울
   때의 요령

'약사여래불'을 염불하는 방법이 따로 정
해져 있는 것은 아닙니다. '입으로 외우라 했
다'고 하여 반드시 입 밖으로 큰소리가 나와

야 하는 것도 아닙니다. 때로는 크게 할 수도 있고, 때로는 작게 할 수도 있으며, 때로는 혼자만의 속삭임처럼 외울 수도 있습니다. 마음이 답답하거나 다급한 일이 있다면 절을 하면서 크게 외칠 수도 있습니다.

또한 '큰 소리로 염불을 하면 열 가지 공덕이 있다'는 말을 듣고 일부러 큰 소리로 염불을 하는 불자들도 있습니다. 그러나 공덕의 크고 작음은 '마음을 얼마나 잘 모아 기원하고 염불하느냐'에 달려 있는 것일 뿐, 소리의 크고 작음과는 별 상관이 없습니다. 오히려 소리를 크게 냄으로써 주위 사람들의 반감을 불러일으키는 경우도 있으므로, 처한 환경에 따라 소리의 강약을 조절하는 것이 좋습니다.

그리고 염불하는 소리는 끊임없이 이어지도록 하는 것이 최상입니다. 남이 듣는 소리로서가 아니라, '나' 속에서 끊임없이 이어져야 합니다. 그렇게 하기 위해서는 다음과 같은 요령을 취하는 것이 좋습니다.

여럿이 염불할 때는 목탁소리에 맞추어 따라서 하면 되지만, 혼자 할 때는 천주 등을 쥐고 염불을 시작하기 전에 심호흡을 세 번 또는 일곱 번 하십시오. 그리고 아랫배까지 숨을 가득 들이켜 '약사여래불, 약사여래불' 하면서 천천히 시작하되, 다섯 번 정도가 지나면서부터 점점 빨리 부르기 시작하여 마침내는 한번 한번 부르는 '약사여래불' 명호의 앞뒤가 간격이 없을 만큼 빠르게 불러야 합니다.

숨을 내쉴 때만 '약사여래불'을 외우는 것이 아니라, 숨을 들이쉴 때도 외워야 합니다. 또한 염불을 하면서 숨을 들이킬 때는 그 기운이 몸 깊숙한 곳까지 들어가도록 해야 합니다. 짧은 호흡이 아니라 긴 호흡을 하면서 염불하라는 것입니다. 이렇게 하면 염불이 끊어지지 않게 됩니다.

특히 내가 외우는 '약사여래불' 소리를 내 귀로 들으면서 하는 것이 마음을 잘 모으는 가장 요긴한 비결이라는 것을 꼭 기억하시기 바랍니다.

또 한 가지, 매우 다급하고 속히 이루어야 할 일이 있어 약사염불을 하는 경우라면, 그 일의 다급함만큼 염불도 열심히 몰아붙여야 합니다.

참으로 애가 타고 '나'의 능력으로는 어찌
할 수 없어 애간장이 녹아날 일이 있다면 이
것저것 생각할 겨를이 없습니다. 모든 것을
약사부처님께 맡기고 배고픈 아기가 어머니
를 찾듯이, 갈증으로 신음하는 사람이 물을
찾듯이, 중병을 앓는 이가 용한 의사를 찾듯
이, 간절한 마음으로 약사여래불 명호를 불
러야 합니다.

밥을 먹을 때도 속으로는 '약사여래불'을
부르고, 뒷간에서 볼 일을 볼 때도 불러야 합
니다. 적당하고 형식적인 염불로는 안 됩니
다. 지극하게 매달려야 합니다. 진한 땀이 흘
러나오고 눈물이 쏙 빠지도록 열심히 염하게
되면, '나'의 힘으로 어찌할 수 없었던 일도

며칠이 지나지 않아 해결을 볼 수 있게 됩니다.

병환을 비롯하여 어떠한 일이 있을 때 약사기도를 하면 가피를 입는지에 대해서는 53페이지에 간략히 요약하였으므로, 여기서는 따로 정리하지 않겠습니다.

다만 병환 등의 불행이 무상無常하게 다가왔듯이, 때가 되면 그 불행도 무상하게 가버린다는 것을 잊지 마십시오. 이 어려운 고비를 한숨으로 지새지 말고 약사염불로 자리메꿈을 해보십시오. 조급증을 내지 말고 약사염불을 하십시오. '나는 이제 죽었다' 싶으면 죽을 각오로 염불을 하십시오. 그렇게만 하면 업장이 녹으면서 복이 찾아듭니다.

우리가 살고 있는 이 법계에는 약사여래의

자비와 생명력과 행복의 기운이 가득 충만되어 있습니다. 그 자비와 생명력과 행복의 기운을 '나'의 것으로 만들게 하는 것이 약사염불입니다. 오히려 지금의 시련을 '나'의 업장을 녹여 큰 복을 담을 수 있는 기회로 생각하고, 꼭 약사경 독송 뒤에 약사염불을 해보시기를 당부드립니다.

2) 약사여래를 생각하는 법

'약사여래를 생각하라' 함은 관상觀想을 하라는 것입니다.

약사염불을 할 때 약사여래를 염念하라고 하면, 사람마다 제 나름대로 생각하게 됩니다. 그러나 '염念'을 보다 정확히 해석하면 눈으로 보는 것이 아니라, '마음으로 보는 관觀'

을 하며 생각하라는 것입니다.

간단히 말해 입으로 끊임없이 약사여래불을 외우면서 약사여래의 모습을 떠올려야 합니다. 하지만 부처님의 모습을 그냥 단순히 그려보는 것이 아니라, '나' 또는 가피를 입었으면 하는 대상이 약사여래의 광명을 듬뿍 받고 약을 받아 먹는 등의 모습을 떠올려야 합니다.

한 예로서, 아내가 남편의 쾌유를 위해 약사여래불을 외우며 기도를 올린다고 합시다. 이때 아내는 입으로 끊임없이 약사여래불을 부르면서, 약사여래의 몸에서 나오는 자비광명이 남편을 감싸고 있는 모습이나 약을 받아 먹는 모습을 떠올려야 합니다.

그렇게 하면 약사여래의 밝은 가피가 남편

에게로 바로 향하게 되어, 남편은 마음의 평온과 함께 쾌유라는 좋은 결실을 맺을 수 있게 되는 것입니다.

특히 가족끼리는 뇌파작용이 어느 누구보다도 강하기 때문에, 이렇게 관상을 하며 염불을 하면 약사여래의 자비광명이 훨씬 빨리 전달됩니다. 실로 밝은 광명을 받게 되면 어둠의 장애가 사라지기 마련이요, 장애가 없으면 뜻대로 이룰 수 있음이 자명한 이치이지 않습니까!

'나'에게 장애가 있거나 이룰 일이 있을 때에도, '나'에게로 약사여래의 자비광명이 쏟아져 내리는 모습을 관하면서 약사염불을 해보십시오. 참으로 약사여래의 무한자비와 불가사의한 힘을 느끼게 될 것입니다.

저는 기도법을 묻는 사람들에게 이 방법을 많이 일러줍니다. 몸이 아픈 사람, 자식 걱정이 많은 사람, 사랑을 갈구하는 사람, 직장을 얻고자 하는 사람, 돈 때문에 고민하는 사람 등…. 그런데 묘하게도 '이와 같은 방법으로 기도를 하였더니 소원대로 되었다'는 분들이 많았습니다.

왜 이렇게 기도를 하면 가피를 빨리 입게 되는 것일까?

바로 집중이 잘 되기 때문입니다. 약사여래의 자비광명이 가피를 입을 대상에게로 향하도록 하고 입으로 '약사여래불'의 명호를 끊임없이 부르면, '약사여래불'과 약사여래를 부르는 '나'와 '가피를 입을 자 또는 일'이 하나를 이루게 됩니다. 곧 삼위일체가 되는 것

입니다. 자연 단순히 명호만 외우는 염불보
다 마음이 훨씬 더 잘 모여지게 됩니다.

모름지기 집중이 잘 되면 마음이 고요해지
고, 마음이 고요해지면 맑아지고, 마음이 맑
아지면 밝아져서 마침내 지혜의 빛이 뿜어져
나오게 됩니다. 그때가 되면 녹아내리지 않을
업장이 어디에 있고 이루지 못할 기도가 어디
에 있겠습니까?

3) 마음으로는 '감사합니다'

약사염불을 할 때는 '감사하다'는 마음가
짐이 지속되어야 함이 원칙입니다. 감사를 느
낄 때 대우주의 성취 파장이 가장 빨리 다가
오기 때문입니다.

그러므로 '약사여래불'을 부르고 관상을

하면서, 마음 속으로는 '감사합니다, 약사여래시여. 저희의 소원을 이루어 주셔서 감사합니다' 등의 속삭임이 끊임없이 이어져야 합니다.

어떤 이는 이에 대해 의문을 일으킬 것입니다.

"현재 이루어지지도 않았는데 왜 '이루어 주셔서'라고 하지?"

그러나 이 또한 기도의 한 방법입니다. 미래의 성취를 이미 이룬 과거형으로 바꿈으로써 틀림없는 성취를 이끌어 내는 것입니다.

그리고 소원이 있으면 '약사여래께서 알아서 해주겠지' 하지 말고, 함축성 있는 발원의 구절을 만들어 봄이 좋습니다. 이 경우, '나'의 이기적인 욕심만 풀어놓지 말고 자리이타

自利利他가 될 수 있는 원을 발하여야 합니다. 예를 들어보겠습니다.

"약사여래시여, 잘못했습니다. 꼭 저의 ○ ○한 소원이 이루어지게 하옵고, 모든 중생에게 약사부처님의 자비와 지혜와 평화와 행복의 빛이 충만하여지이다."

"감사합니다, 약사여래시여, 모든 이를 살리는 사람이 되겠습니다. 일체 만물을 평등하게 아끼고 사랑하는 사람이 되겠습니다."

이렇게 무조건 잘못을 참회하고 감사하면서, 나와 남을 함께 이롭게 하는 자리이타의 원을 발하여 보십시오. 모든 업장을 만들었던 이기심이 스르르 무너지면서 가피를 입음은 물론이요, 새롭게 태어날 수 있습니다.

한 가지 더 당부드리고 싶은 것은, 약사염불을 끝낸 다음 여유가 있으면 가족을 향해 3배를 올리라는 것입니다.

가족을 향해 3배를 할 때는 불보살님께 예배를 올리듯이 정성껏 하여야 합니다. 물론 그 당사자 앞에 가서 하라는 것은 아닙니다. 부모나 배우자, 아들 · 딸이 있는 쪽으로 향해 몸을 돌려 절을 하거나, 기도하는 그 자리에서 가족의 모습을 떠올리며 절을 하면 됩니다. 그리고 3배를 할 때는 절 한 번에 참회의 말을 세 번씩 하십시오.

"은혜롭고 사랑스런 당신, 제가 잘못했습니다. 잘못했습니다. 잘못했습니다."

"갑돌아, 내가(엄마가, 아빠가) 잘못했다. 잘못했다. 잘못했다."

이렇게 마음속으로 절 한 번에 세 번씩 하여 3배를 통하여 총 아홉 번을 참회합니다.

3배를 마친 다음에는 엎드린 채로 축원을 해주십시오.

"대자대비하신 약사여래부처님! 저희 남편(아내·아들·딸)이 항상 건강하옵고 뜻하는 바가 이루어지게 하옵소서. 남편에게 자비와 지혜와 평화와 대행복이 충만하여지이다."(3번)

이 예와 같이, 적절한 축원의 문구를 만들어 가족 한 사람 한 사람마다 3배를 올리고 세 번씩 거듭 축원해주면 매우 좋습니다.

이상의 약사기도를 잘 행하여 모든 불자들이 약사여래의 가피를 입고, 자비와 지혜와 평화와 대행복이 충만된 삶을 살 수 있게 되기를 깊이 깊이 축원드립니다.

　　대자대비 대의왕불 약사유리광여래.

내가 확인하는 독경 횟수

※ 한 번 독경할 때마다 한 칸씩 확인하세요
  (날짜를 써도 좋음).

1								10			
					20						
									50		
							100				
						150					
			200								

250

300

350

400

450

500

550

600

650

700

							750			
					800					
				850						
			900							
950										
									1000	

약사경 한글 사경

김현준 편역 / 4×6배판 / 112쪽 / 값 4,000원

약사경을 사경하면 병환의 쾌유와 함께 각종 장애가 저절로 사라지고 심중의 소원이 성취됩니다. 참으로 영험이 큰 이 약사경을 백일 또는 49일 동안 쓰면서 기도하는 사경기도를 감히 권해봅니다.

약사경

김현준 편역 / 4×6배판 / 100쪽 / 값 4,000원

아주 큰 활자로 약사경 한글 번역본을 만들었습니다. 약사경 독경 방법 및 약사염불법도 함께 실어 기도에 도움이 되도록 하였습니다.

금강경

우룡큰스님 역 / 4×6배판 / 112쪽 / 값 5,000원

책 크기만큼 글씨도 크게 하고 한자 원문도 수록하였으며, 독송에 관한 법문도 첨부하였습니다. 사찰 및 가정에서의 독송용으로 매우 좋습니다.

관음경

우룡큰스님 역 / 4×6배판 / 96쪽 / 값 4,000원

커다란 글씨의 관음경 해설과 함께 관음경의 원문과 독송법, 관음 염불 방법 등을 수록하여 관음경의 가르침을 쉽게 이해하도록 하였습니다.

지장경

김현준 편역 / 4×6배판 / 208쪽 / 값 8,000원

지장경 · 지장보살예찬문 · 지장염불법을 함께 실었습니다. 각 장 앞에 제시된 기도법에 따라 기도를 하게 되면, 지장보살의 가피 속에서 영가 천도 · 업장소멸 · 소원성취 · 향상된 삶을 이룩할 수 있게 됩니다.

법화경	양장본 / 4x6배판/ 520쪽 / 값 25,000원
법화경 한글 사경	전 5책 / 권당 5,000원 / 총 25,000원

법화경을 독송하고 사경해 보십시오.
부처님과 대우주법계의 한량없는
가피가 저절로 찾아들어 소원성취와
영가천도는 물론이요
깨달음과 경제적인 풍요까지 안겨줍니다.

편역자 김현준 金鉉埈

　불교학을 전공하였고, 우리문화연구원 원장, 성보문화재연구원 원장
을 역임하였으며, 현재 불교신행연구원 원장, 월간「법공양」발행인 겸
편집인, 효림출판사와 새벽숲출판사의 주필 및 고문으로 활동하고 있다.
　저서로는『사찰, 그 속에 깃든 의미』·『관음신앙·관음기도법』·『생활
속의 반야심경』·『육바라밀』·『사성제와 팔정도』·『광명진언 기도법』·『신
묘장구대다라니 기도법』·『참회·참회기도법』등 30여 종이 있으며, 번역
서로는『법화경』·『자비도량참법』·『지장경』·『육조단경』등이 있다.

아름다운 우리말 경전 ⑥

약 사 경

편역자　김현준
펴낸이　김연지
펴낸곳　효림출판사

초　판　1쇄　펴낸날　2017년　9월　18일
　　　　9쇄　펴낸날　2025년　2월　25일

등록일　1992년 1월 13일 (제 2-1305호)
주　소　서울시 서초구 반포대로14길 30, 907호 (서초동, 센츄리 I)
전　화　02-582-6612, 587-6612
팩　스　02-586-9078
이메일　hyorim@nate.com

값 2,500원

ⓒ 효림출판사 2017
ISBN 979-11-87508-11-3 02220
표지 사진 : 일장스님 그림, 화엄사 각황전 약사탱화 (성보문화재연구원 제공)
※ 잘못 만들어진 책은 바꿔 드립니다.